ALLOCUTION

PRONONCÉE

Aux funérailles de M. Jean CLERMONTET

Curé de Caudéran

DANS L'ÉGLISE SAINT-AMAND

Par M. l'abbé GAUSSENS, chanoine honoraire, archiprêtre
de la basilique de Saint-Seurin

---

27 OCTOBRE 1870

BORDEAUX
IMPRIMERIE ADRIEN BOUSSIN
18 & 20, rue Gouvion, 18 & 20.

1881

ALLOCUTION

PRONONCÉE

Aux funérailles de M. Jean CLERMONTET

Curé de Caudéran

DANS L'ÉGLISE SAINT-AMAND

Par M. l'abbé GAUSSENS, chanoine honoraire, archiprêtre de la basilique de Saint-Seurin

27 OCTOBRE 1870

BORDEAUX
IMPRIMERIE ADRIEN BOUSSIN
18 & 20, rue Gouvion, 18 & 20.

1881

ALLOCUTION

PRONONCÉE

Aux funérailles de M. Jean CLERMONTET

Curé de Caudéran

DANS L'ÉGLISE SAINT-AMAND

Par M. l'abbé GAUSSENS, chanoine honoraire, archiprêtre de la basilique de Saint-Seurin

---

27 OCTOBRE 1870

> *Laudent eum opera ejus.*
> Que ses œuvres le louent.
> (Prov.)

Mes Frères,

Nous aurions trompé votre juste et légitime attente, si l'un de nous, l'un de ces prêtres nombreux accourus pour rendre les dernier devoirs à leur frère et ami, n'eût pris la parole pour dire quelque chose du défunt, pour consoler la douleur si vive du pauvre frère survivant, pour consoler votre propre douleur, famille éplorée, famille en larmes, qui venez de perdre le meilleur des pères. C'est moi, paraît-il, à qui revenait cette tâche si honorable et si douce. C'est le pasteur de Saint-Seurin qui devait dire l'adieu suprême au pasteur de Saint-Amand, le pasteur de l'Église-mère au pasteur de l'Église engendrée par elle.

Je ne veux pourtant pas faire ici l'éloge du cher défunt. C'est à vous, mes frères, c'est à vous de le faire. C'est de vos cœurs, c'est de vos lèvres à tous qu'il doit jaillir. Mais cet éloge, vous l'avez fait cent fois, depuis que la voix publique, voix sombre et lugubre, depuis que le son funèbre des cloches vous a appris que votre pasteur n'était plus. Cet éloge, vous le faites au fond de vos âmes, et vous le ferez longtemps encore en vous rencontrant dans les champs, sur les chemins, auprès de vos foyers. Cet éloge, mais ce n'est pas seulement la paroisse de Caudéran qui le fait, ce sont toutes les paroisses où ce vénéré prêtre exerça le saint ministère. J'entends d'ici mille et mille voix s'élevant de Lormont, de Saint-Louis de Bordeaux, de Barsac. De tous ces lieux s'échappe la louange, fruit de l'amour, de la reconnaissance, prix mérité d'innombrables bienfaits répandus, sur un espace de 40 ans, par un ministère assidu, ardent, infatigable : *Laudent eum opera ejus*. Les pécheurs qu'il convertit, la jeunesse qu'il préserva, les ignorants qu'il instruisit, les affligés qu'il consola, les pauvres qu'il secourut, les chrétiens que sa main forma, tous ceux, et il en est un si grand nombre, à qui il apprit à connaître, à aimer Dieu, tous ceux-là parlent aujourd'hui de ses vertus, de sa piété, de sa charité, de son zèle. Tous ceux-là le proclament aujourd'hui leur ami, leur maître, leur guide, leur père; tous ceux-là le pleurent, et leurs larmes sont plus éloquentes que leurs paroles : *Laudent eum opera ejus* : Que ses œuvres le louent.

Mais n'est-ce pas vous, fidèles de Caudéran, n'est-ce pas vous surtout qui êtes son œuvre, son œuvre importante, son œuvre capitale ; n'est-ce pas cette paroisse constituée, cette paroisse organisée, cette paroisse instruite par une prédication incessante et un enseignement sérieux, cette paroisse formée aux habitudes saintes, nourrie abondamment de l'esprit chrétien, n'est-ce pas là ce qui relève à nos yeux, aux yeux de tout le diocèse, le prêtre saint que nous pleurons ? Vous êtes *ses lettres commendatices, lettres écrites avec son cœur ?* vous êtes ses titres d'honneur, vous êtes sa gloire. Et cette église qui l'abrite une dernière fois sous ses voûtes sacrées, cette église où il passa de si longues, de si douces heures, mais dont chaque pierre lui avait coûté tant de souci et de travail, cette église si belle et dont bien des cités seraient fières, cette église qu'il ne cessa pas un seul jour de décorer après l'avoir laborieusement construite, Ah ! n'est-ce pas là une œuvre qui témoigne du zèle du pasteur, aussi bien que de la foi et de la générosité des fidèles ? Que ses murailles sont tristes aujourd'hui sous ces voiles funèbres qui les recouvrent ? Ah ! elles n'entendront plus sa voix qui ne cessait d'avertir, d'exhorter et d'instruire ; sa voix toujours allègre, toujours sonore, sa voix que la louange de Dieu ne lassa jamais. Elles ne verront plus son visage austère et doux à la fois, animant l'assemblée des fidèles, et l'excitant à la prière publique et fervente ! Oui, pleurez, murs sacrés, autels, chaire chrétienne, tribunaux du pardon, pleurez un pasteur dévoué, un prêtre modèle, le vrai prêtre, le prêtre de la règle, le prêtre du devoir, dont toute la vie, la vie sacerdotale, la vie pastorale n'eut qu'un but, où elle tendit toujours, sans jamais dévier d'une seule ligne : la gloire de Dieu et le salut des âmes.....

Homme simple, droit et craignant Dieu ! Simple avec une intelligence remarquable ; simple avec des talents peu communs ; simple avec un sens fin et délicat ; simple avec des vues larges et étendues.... Ame simple, parce qu'elle n'eut jamais rien à déguiser ; mais surtout cœur droit, voulant le bien, le cherchant par tous les moyens que peut suggérer un zèle sage et intelligent, le cherchant franchement, loyalement. Ah ! il ne connut jamais, lui, ces accommodements modernes, ces compromis d'invention récente, ces transactions avec le mal, ces faiblesses déplorables où se laissent aller, de nos jours, tant d'âmes de chrétiens, de prêtres peut-être. Il savait dire oui ; il savait dire non. Il ne confondait pas les contraires, le vice avec la vertu, l'erreur avec le mensonge. Homme à caractère, en un mot, dans un siècle où il n'y a plus de caractères, où les doctrines, où les principes, où les consciences même s'obscurcissent, et vont chaque jour disparaissant dans un effacement général. La fermeté, la rondeur de sa parole, et jusqu'à cette gaîté franche, qui en faisait un des charmes, tout cela indiquait une âme sûre d'elle-même, sûre des bases sur lesquelles elle était assise. Ces bases, vous les connaissiez: c'était la Foi, mais la Foi la plus pure, la plus dégagée de tout alliage humain et profane ; c'était la crainte de Dieu, cette crainte salutaire, qui est le *commencement de la sagesse* et qui en est aussi la consommation, cette crainte qui guida toujours les saints, et leur donna cette droiture de jugement, cette rectitude de marche que nous admirons en eux : *Vir simplex, rectus, ac timens Deum*.

Mais je m'aperçois, mes frères, que tout en disant que je ne ferai pas l'éloge de notre vénérable ami, j'ai tracé de lui le plus beau, le plus complet panégyrique qui se puisse faire d'un chrétien, d'un prêtre, celui-là même que l'Esprit-Saint a tracé des justes qu'il a voulu louer : *Vir simplex, rectus, ac timens Deum*.

Arrêtons-nous donc, mes frères, et de l'éloge du mort revenons à l'enseignement des vivants. La mort d'un curé dans une paroisse n'est pas un événement ordinaire, surtout quand cet événement se produit avec les circonstances qui nous ont si douloureusement affectés dans celui-ci ; quand un mal soudain, inattendu, foudroyant, vient briser, d'un seul coup, une constitution robuste, et que les soins, les remèdes, les secours de l'art sont impuissants à disputer à la mort, la proie que Dieu semble lui avoir lui-même livrée. Non, ce n'est pas là un événement ordinaire, et cette façon d'agir de la part de Dieu envers un prêtre, encore dans la force de l'âge et qui, malgré ses soixante et quelques années, semblait encore si éloigné de la vieillesse, envers un pasteur capable encore de tant de bien, cette façon d'agir dénote des desseins particuliers qu'il nous importe de pénétrer et de connaître. Dieu nous parle depuis quelque temps, mes frères ; il nous parle de bien des manières, *multifariam multis-que modis*, et bien peu l'entendent, bien peu le comprennent. Vous-mêmes, mes frères, nous-mêmes, prêtres, ministres du Très-Haut, l'avons-nous compris, le comprenons-nous encore, alors que ses foudres retentissent sans interruption sur nos têtes, qu'elles éclatent et tombent sur notre malheureuse patrie ? Avons-nous senti ce qu'il y a d'amour dans ces voix effrayantes du Tout-Puissant ? Avons-nous reconnu sous ces dehors de colère les appels tendres et réitérés de la Miséricorde ? Hélas! peut-être que non. Peut-être que dans ces événements si étranges tout à la fois et si douloureux, vous n'avez vu, comme tant d'autres, que l'effet de l'ambition de quelques politiques, ou la rivalité funeste de deux nations avides de s'entre-détruire. Ah ! si ces désastres dont nous sommes depuis trois mois les victimes, si ces guerres, si ces épidémies qui nous déciment si cruellement, si cette année tant néfaste de 1870, et dont il sera longtemps parlé dans les générations à venir, ne peuvent nous ouvrir les yeux, peut-être cette mort inattendue nous éclairera. Ecoutez. Cette mort vous intéresse non pas seulement par le deuil qu'elle vous cause, mais par les conséquences qu'elle amène pour vous. A l'heure qu'il est, le pasteur a déjà paru devant le tribunal suprême. Un débat a eu lieu entre le Juge et lui. Dans ce débat il a été question de vous, mes frères ; c'est vous, vous principalement qui avez fait l'objet de l'interrogatoire. Vingt-trois ans de cette vie sacerdotale se sont écoulés parmi vous : vous avez répondu au zèle de votre bien-aimé pasteur ; vous avez été fidèles à ses avis ; vous avez mis ses enseignements en pratique ; vous avez, à sa voix, rempli l'enceinte de votre église ; vous avez assiégé les tribunaux sacrés, envahi la sainte Table. « Pasteur, s'est écrié le souverain Juge, voilà les fruits, les dignes fruits de votre zèle : des enfants pieux et instruits, des vierges modestes, des jeunes gens chastes, des mères de famille solidement chrétiennes, des hommes tempérants et religieux, c'est bien, pasteur des âmes, c'est bien ; mais tous ont-ils marché dans cette voie ? N'est-il pas hors du bercail des brebis errantes, des brebis perdues ? N'est-il pas dans votre troupeau des hommes irréligieux, des hommes blasphémateurs, des hommes rebelles à mon Église et à Moi ? N'est-il pas des jeunes gens débauchés, des filles volages et mondaines ? N'est-il pas des mères négligentes, des mères complices des désordres, de l'impiété de leurs fils ? Pasteur, répondez. » — « Seigneur, vous savez que je les ai appelées, ces brebis perdues ; vous savez que je les ai cherchées ; que j'ai couru tous les chemins pour etrouver leurs traces.... Ces chemins que je viens de parcourir mort, combien de fois je les ai parcourus vivant ? Vous le savez, Seigneur, j'ai prêché dans mon Église, j'ai prêché dans les maisons : *publice et per domus ;* jour et nuit, comme l'apôtre, je n'ai cessé d'avertir chacun en particulier : *die ac nocte non cessavi monens unumquemque.* » — « Oui, c'est vrai, bon pasteur, j'ai été mille fois témoin de vos efforts, de vos pénibles recherches ; mille fois je fus, dans le silence du sanctuaire, le confident de vos peines infructueuses. Vous avez averti, vous avez prié, vous avez gémi, vous avez donc délivré votre âme. »

Mais vous, brebis infidèles, s'il en est parmi vous, mes frères, c'est vous dont l'âme est chargée, c'est vous dont l'âme est engagée ; c'est vous qui répondez des soins inutiles, des travaux inféconds de son ministre à votre égard. Son zèle même fera votre crime, ses vertus seront votre condamnation. Ah ! si sa vie sainte n'a pu vous toucher, que sa mort du moins vous avertisse, cette mort si prompte, et pourtant si chrétienne et si sacerdotale ! Que de fois il vous avait exhorté du haut de cette chaire à ne pas laisser mourir les vôtres sans sacrements ! Au précepte, il a joint l'exemple, en ce qui le touche lui-même ; et, si courts qu'aient été les instants que la mort lui a laissés, après lui avoir porté le premier coup, ils lui ont suffi pour disposer au grand voyage, son âme, déjà, en tout temps, si bien préparée. Il a reçu tous les sacrements avec calme, avec amour, avec confiance. Que cet exemple vous instruise, mes frères, qu'il nous instruise tous ; prêtres et fidèles nous avons tous un enseignement à recueillir de cette mort. En brisant les natures les plus fortes, comme en broyant les nations les plus puissantes, Dieu nous montre qu'il est le maître ; que les peuples, comme les individus, sont dans sa main ; il nous montre que toutes les choses sur lesquelles nous nous appuyons ici-bas, ne sont rien ; que la santé n'est qu'une ombre, la fortune une fumée, la vie un souffle qui s'évanouit, que les trônes s'écroulent, que les peuples s'affaissent, quand son bras ne les soutient pas. Qu'est-ce donc, mes frères, qui pourrait captiver ici-bas nos âmes, et les empêcher d'aller à Dieu? Qu'est-ce qui pourrait, parmi ces biens si fragiles, si périssables, faire contre-poids aux biens éternels, que Dieu nous promet pour prix de notre fidélité à le servir ? Ces biens, vous le voyez, des mains cruelles vous les arrachent ; biens du sang et de l'affection, vos enfants chéris : la guerre les appelle ; biens de la fortune : un ennemi barbare les dévore impitoyablement sous vos yeux ; bien qui résume tous les autres, la vie : de désastreuses épidémies vous en dépouillent ! Ah ! il est donc venu, ce temps dont parle l'apôtre : « *Où ceux qui ont des épouses, sont comme n'en ayant pas; où ceux qui pleurent, sont comme ne pleurant pas; où ceux qui se réjouissent, sont comme ne se réjouissant pas; où ceux qui achètent, sont comme ne possédant pas; où ceux qui usent de ce monde, sont comme n'en usant pas.* » Car, ajoute l'apôtre : « *La figure de ce monde passe.* » Elle passe, en effet, ne le voyez-vous pas ? Il faut être bien aveugle pour ne le pas voir ! Rien de stable sur cette terre, rien de solide, rien de durable, rien de vrai, si ce n'est la vertu, la piété ; rien de digne de nous, chrétiens et enfants de Dieu, si ce n'est aimer, servir ce Dieu et ne servir que lui seul !

Enfants des hommes, nous crie une dernière fois, non plus

de la chaire, mais de son cercueil, ce pasteur vénéré et zélé, *enfants des hommes, qui fûtes mes enfants, jusques à quand aurez-vous le cœur appesanti ? Jusques à quand aimerez-vous la vanité, chercherez-vous le mensonge ?* Tout, autour de vous, la vie, la mort, la guerre qui gronde, et les fléaux qui sévissent et tant de choses qui croûlent, tant d'autres qui craquent déjà et vont tomber ; toutes ces misères, toutes ces ruines, toutes ces menaces, tout cela ne vous dit-il pas que tout n'est rien, tout, excepté une chose, sauver son âme, la sauver pour l'éternité ?

Voilà ce que vous dit encore de dessous ce drap mortuaire qui le recouvre, ou plutôt du haut du Ciel où Dieu l'a reçu, où il ne tardera pas du moins à le recevoir, celui qui fut votre pasteur et dont vous écoutâtes la voix. Devant le saint sacrifice, offert pour lui à l'autel où il l'offrit pour tant de ses enfants, priez Dieu qu'il ouvre au plus tôt, s'il ne l'a fait déjà, son saint Paradis à l'âme de votre père ! C'est le témoignage le plus vrai, le plus sincère d'amitié et de reconnaissance que nous puissions lui donner tous. *Amen !*

Extrait du Discours de prise de possession de la Cure de Caudéran

Par M. l'abbé PAPIN,

Second successeur de M. l'abbé CLERMONTET

Le 25 Janvier 1879.

. . . .

Après ce premier semeur évangélique (1), cette bénite terre de Caudéran en reçut, du Ciel, un autre qui arrivait à son heure, doué des qualités nécessaires pour coordonner les éléments préparés par son prédécesseur, franchir avec succès les difficultés qu'entraîne l'édification d'une église (et quelle Eglise, avec le concours des administrations et la générosité de ses paroissiens, il a léguée aux générations futures!...) Eglise si bien conçue, si complète ; image fidèle de cet autre édifice, qui est votre paroisse, et qui a dû requérir (il nous en est témoin du haut du Ciel) infiniment plus d'habilité, de courage et de fermeté, et qui mérite aussi infiniment plus l'admiration.

Vous savez mieux que moi, mes frères, quel fut M. l'abbé Clermontet, prêtre pieux et régulier, actif, esclave du devoir, sachant tempérer par la douceur évangélique, ce que sa nature avait peut-être d'un peu ferme et rigide ; pasteur vigilant et zélé, autant que docteur solide et prudent directeur, l'ami véritable et le consolateur des pauvres, des malades, des affligés !

Pour vous faire plus de bien, il s'adjoignit, dans ses travaux incessants, une autre âme sainte de prêtre, doublement fraternelle, M. l'abbé Jacques Clermontet, type trop achevé

---

(1) M. Lavau, qui fut appelé, de la paroisse Saint-Seurin où il était vicaire, a créer la nouvelle paroisse de Caudéran qu'il gouverna cinq ans.
Ne semblait-il pas naturel que l'antique et insigne église de Saint-Seurin donnât elle-même à sa fille, la jeune église de Saint-Amand-les-Fleurs, son premier pasteur !

peut-être du vicaire... et que vous vîtes attaché au frère et au curé, comme l'ombre au corps.

Il me semble voir encore ces deux prêtres devenus indispensables l'un à l'autre, travaillant ensemble avec une touchante émulation, et ce souvenir est un des meilleurs de ma jeunesse sacerdotale, alors que pendant trois années, trop vite écoulées, je faisais mes premières armes dans le saint ministère, à la paroisse voisine.

Puis, un jour, Dieu trouva la tâche assez avancée : il appela vitement à lui son infatigable serviteur, tout prêt à recevoir la suprême récompense, comme on le vit toujours prêt à travailler et à souffrir pour la mériter. Vous recueillîtes précieusement, mes frères, avec l'héritage d'une sainte vie et d'une sainte mort de curé, des dépouilles vénérées, auxquelles vous vous êtes empressés de donner la place d'honneur au champ du repos (1). Quelques jours après, le pieux frère qui ne pouvait plus vivre seul, ainsi que le lierre se dessèche et périt, lorsque le chêne a été abattu, M. l'abbé Jacques Clermontet vint vous demander une place auprès de son frère, réalisant ainsi la parole des saints livres : « Unis pendant la vie, la mort ne les a pas séparés. Ayant bu au même calice (2), les deux colombes vinrent se reposer à l'ombre de la même croix.... » Et vous avez raison, mes frères, de couvrir cette double tombe, de vos hommages, de vos larmes et de vos prières, car elles sont l'un des plus précieux trésors de votre paroisse !

(1) La commune a voulu, elle-même, avec l'aide des Orphelines de l'établissement du Bon-Pasteur, dont M. Clermontet avait été le dévoué directeur, construire un caveau, au centre de son beau cimetière, pour les deux saints prêtres. Cette tombe est d'un bout d'an à l'autre, couverte de fleurs toujours fraîches !

(2) Allusion au sujet gravé sur la croix qui surmonte le monument élevé à ces deux saints prêtres, au centre du cimetière, par la commune de Caudéran.

Bordeaux. — Imp. Adrien BOUSSIN, rue Gouvion, 20

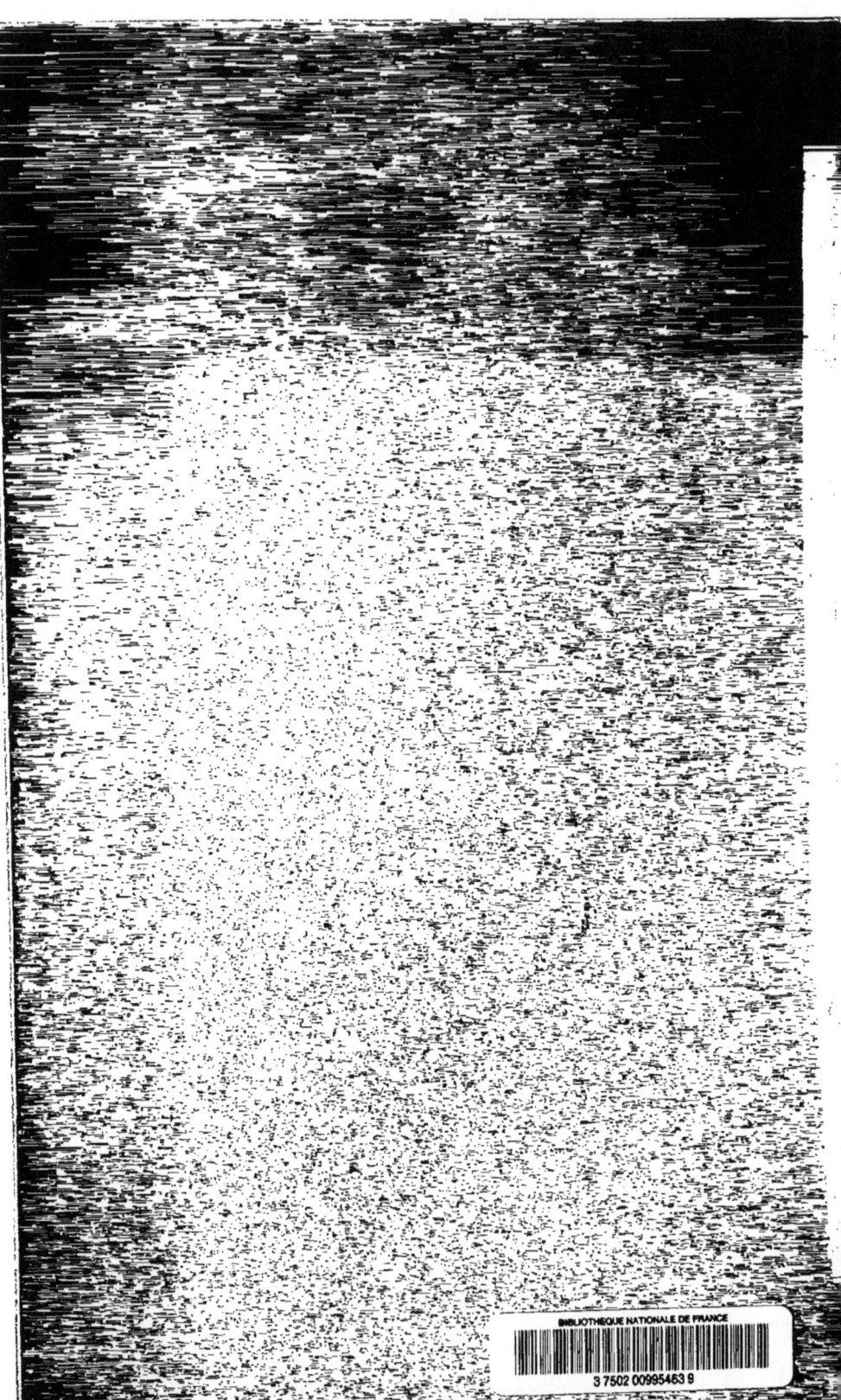

www.ingramcontent.com/pod-product-compliance
Lightning Source LLC
Chambersburg PA
CBHW070530050426
42451CB00013B/2936